BEI GRIN MACHT SICH IHR WISSEN BEZAHLT

- Wir veröffentlichen Ihre Hausarbeit, Bachelor- und Masterarbeit

- Ihr eigenes eBook und Buch - weltweit in allen wichtigen Shops

- Verdienen Sie an jedem Verkauf

Jetzt bei www.GRIN.com hochladen und kostenlos publizieren

Bibliografische Information der Deutschen Nationalbibliothek:

Die Deutsche Bibliothek verzeichnet diese Publikation in der Deutschen National-
bibliografie; detaillierte bibliografische Daten sind im Internet über http://dnb.d-
nb.de/ abrufbar.

Impressum:

Copyright © 2005 GRIN Verlag
Druck und Bindung: Books on Demand GmbH, Norderstedt Germany
ISBN: 9783638932653

Dieses Buch bei GRIN:

https://www.grin.com/document/58000

Christian Hagedorn

Altenpflege Quo Vadis - Neue Pflege- und Management-konzepte in der Altenpflege

GRIN Verlag

GRIN - Your knowledge has value

Der GRIN Verlag publiziert seit 1998 wissenschaftliche Arbeiten von Studenten, Hochschullehrern und anderen Akademikern als eBook und gedrucktes Buch. Die Verlagswebsite www.grin.com ist die ideale Plattform zur Veröffentlichung von Hausarbeiten, Abschlussarbeiten, wissenschaftlichen Aufsätzen, Dissertationen und Fachbüchern.

Besuchen Sie uns im Internet:

http://www.grin.com/

http://www.facebook.com/grincom

http://www.twitter.com/grin_com

Fachhochschule Braunschweig/Wolfenbüttel

Standort Wolfsburg

Fachbereich Gesundheitswesen

Altenpflege - quo vadis?

–

Neue Pflege- und Managementkonzepte

in der Altenpflege

-Referat-

Vorlesung: Pflegeorganisation

VI. Semester

Wolfsburg, 14. April 2005

Inhaltsverzeichnis

I Abkürzungsverzeichnis IV

1 Einleitung 1

2 Rahmenbedingungen in der Altenpflege 2

   2.1 Aktuelle Probleme in der Altenpflege 2

   2.2 Rückschau und Ausblick in die Zukunft 3

3 Ausgewählte Management- und Unternehmenskonzepte für die

   Altenpflege 5

   3.1 Konzepte im Qualitätsmanagement 5

      3.1.1 Total Quality Management (TQM) 5

      3.1.2 Qualitätszirkel 5

      3.1.3 Qualitätszertifizierung 5

   3.2 Konzepte im Personalmanagement 6

      3.2.1 Lebensphasenorientierte Arbeitszeitgestaltung 6

      3.2.2 Neue Ansätze in der Pflegebildung 7

   3.3 Konzepte im Prozessmanagement 8

   3.4 Konzepte im Bereich Unternehmensorganisation und Marketing 8

      3.4.1 Aufbau einer Corporate Identity für Altenpflegeeinrichtungen 8

4 Ausgewählte Pflegekonzepte 9

   4.1 Einleitung 9

   4.2 Gesprächsführung in der Altenpflege 10

   4.3 Entspannung und Aktivierung durch Snoezelen 11

   4.4 Multikulturelle Altenpflege 12

   4.5 Praxisorientierte Pilotprojekte 13

5 Fazit 15

6 Literaturverzeichnis 16

I Abkürzungsverzeichnis

AEDL	Aktivitäten und existentielle Erfahrungen des Lebens
ATL	Aktivität des täglichen Lebens
BMFSFJ	Bundesministerium für Familie, Senioren, Frauen und Jugend
BMGS	Bundesministerium für Gesundheit und Soziale Sicherung
bzw.	beziehungsweise
ca.	circa (um, etwas, ungefähr)
d.h.	das heißt
etc.	et cetera (und so weiter)
e.V.	eingetragener Verein
evtl.	eventuell
ggf.	gegebenenfalls
i.d.R.	in der Regel
Nr.	Nummer
o.V.	ohne Verfasser
s.	siehe
S.	Seite
sog.	so genannt
SGB	Sozialgesetzbuch
TQM	Total Quality Management
TÜV	Technischer Überwachungsverein
u.a.	unter anderem
u.U.	unter Umständen
v.a.	vor allem
Verf.	Verfasser/in
Vgl.	vergleiche
z.B.	zum Beispiel

1 Einleitung

Rentenreform – Kürzung der Krankenkassenleistungen – Pflege in der Krise. Diese Schlagworte sind jeden Tag zu lesen und zu hören. Immer mehr Menschen stellen sich deshalb die Frage: „Was kommt auf uns zu?". Das eigene Alter scheint bedrohlich zu wirken. Was aber wird getan um unsere strapazierten Sozialsysteme wieder in ruhigeres Fahrwasser zu lenken? Wie sollen die hohen Kosten für die Altenpflege kontrolliert werden? Wie bemüht man sich um eine qualitativ hochwertige Altenpflege und eine seniorengerechte Betreuung? Diese Fragen sind für jeden von uns so relevant, da es bei der Altenpflege nicht um andere Menschen wie z.B. Menschen mit Behinderungen oder Patienten in einem Krankenhaus geht. Hier geht es um jeden Menschen selbst und zwar umso mehr, je älter er ist. Wenn man sich mit der Organisation, der Finanzierung und der Weiterentwicklung der Altenpflege auseinandersetzt, geht es dabei nicht um die Lebensumstände anderer, sondern um unsere zukünftigen, eigenen Lebensumstände.

Daher soll diese Arbeit dem Leser einen Überblick über die derzeitigen Trends aus dem Bereich der Management- und Unternehmenskonzepte, sowie aus dem pflegerischen Bereich der Altenpflege geben. Am Ende der Arbeit wird eine Einschätzung abgegeben, die sich mit der Frage beschäftigt, ob die aufgeführten Maßnahmen und Entwicklungen ausreichen, um die Qualität und die Finanzierbarkeit der Altenpflege auch in der Zukunft zu sichern.

2 Rahmenbedingungen in der Altenpflege

2.1 Aktuelle Probleme in der Altenpflege

Aufgrund der derzeitigen Pflegesituation in Deutschland benötigt die Altenpflege ein neues Profil, um sich den Qualitätsansprüchen durch wachsende Anforderungen vonseiten der Politik, Gesellschaft und dem eigenen Selbstbild zu stellen. Dabei sind die Problem- und Einflussbereiche äußerst vielschichtig. Eine zentrale Einflussgröße ist die demografische Entwicklung in unserer Gesellschaft. Man geht davon aus, dass die Zahl der 70-jährigen und Älteren bis zum Jahr 2020 um 4,8 Millionen zunehmen wird, wobei der prozentuale Zuwachs in dieser Altersgruppe mit rund 170 % angegeben wird.[1] Andere Problembereiche lassen sich zurückführen auf die kürzeren Verweildauern in Krankenhäusern, die Zunahme von chronischen Krankheiten, die verstärkte Berufstätigkeit der Frauen und dem damit verbundenen Rückgang der familiär geleisteten Pflege. Auch die Umsetzung der Qualifizierungsansprüche in die Praxis gehört nach wie vor zu den Problembereichen in der Altenpflege. Die Instrumente wie Pflegeprozess, Pflegeleitbild und -dokumentation werden von einem Großteil der Mitarbeiter oft nur als lästige Zusatzarbeit betrachtet. Umso alarmierender sind die im Rahmen von Überprüfungen erhobenen Zahlen. Der Medizinische Dienst in Schleswig-Holstein stellte bei einer Kurzprüfung in 116 Pflegeheimen fest, dass bei der Hälfte der Heime Pflegekonzept und -dokumentation unzureichend waren. Als eine der Folgen ergaben sich bei knapp einem Drittel der untersuchten Pflegebedürftigen Pflegeschäden.[2]

---

[1] Vgl. Jäck, S., Proschmann, S., Qualitätsprüfung und -bewertung ambulanter Pflegedienste, 2004, S. 11.

[2] Vgl. Jäck, S., Proschmann, S., Qualitätsprüfung und -bewertung ambulanter Pflegedienste, 2004, S. 13.

Wie die folgende Tabelle zeigt, befindet sich die Finanzierung der Altenpflege durch die gesetzliche Pflegeversicherung ebenfalls in einem Spannungsfeld zwischen stagnierenden Beitragseinnahmen und ansteigenden Leistungsausgaben.

Soziale Pflegeversicherung				
Gegenstand der Nachweisung	Einheit	2001	2002	2003
Deutschland				
Versicherte	1 000	70 013	70 844	70 457
Leistungsempfänger	1 000	1 840	1 889	1 895
- ambulant	1 000	1 262	1 289	1 281
- stationär	1 000	578	600	614
Einnahmen	Mill. EUR	16 843	16 917	16 865
Ausgaben	Mill. EUR	16 890	17 346	17 557

Abbildung 1: Soz. Pflegeversicherung, Quelle: BMGS, Internet,
http://www.destatis.de/basis/d/solei/soleiq24.php, 2004.

2.2 Rückschau und Ausblick in die Zukunft

Die Entwicklung der Pflegeversicherung ist in den letzten Jahren von einer hohen Dynamik geprägt. Bei der Vorbereitung der Pflegeverscherung ging man davon aus, dass die Zahl der Pflegebedürftigen in Deutschland bei rund 1,65 Millionen liegen wird. Dieser Wert wurde allerdings schon im Jahr 1996 erreicht. So stieg danach die Zahl der Leistungsempfänger in der sozialen Pflegeversicherung von 1995-1999 um 129% auf 1,83 Millionen an.[3] Auch wenn die Bevölkerungszahl in Deutschland langfristig schrumpfen wird, erhöht sich der Anteil der Älteren in der Bevölkerung durch das starke Geburtendefizit. So geht man in den Berechnungen des Statistischen Bundesamtes davon aus, dass der Anteil der über 80-jährigen sich bis zum Jahr 2050 fast verdreifachen könnte und dann bei 12% in der Gesamtbevölkerung liegt. Auch das Verhältnis zwischen der Bevölkerung im erwerbsfähigen Alter und den Senioren - der Altersquotient - wird sich entsprechend verändern. Stehen momentan noch 44 60-jährige und ältere Menschen 100 20- bis 59-jährigen Menschen gegenüber, so werden dies im Jahr 2050 71 ältere Menschen sein.[4]

---

[3] Vgl. Reschl-Rühling, G., Personelle und organisatorische Umstrukturierung in Einrichtungen der stationären Altenpflege, 2004, S. 40.
[4] Vgl. Pötzsch, O., Sommer, B., Pressebroschüre des Statistischen Bundesamtes – Bevölkerung Deutschlands bis 2050, 2003, S. 7.

Selbst wenn diese Entwicklung durch einen hohen Wanderungssaldo und einer geringeren Zunahme der Lebenserwartung abgemildert wird, stellt sie eine enorme Herausforderung für die Organisation und die Finanzierung der Altenpflege dar. Dies soll die folgende Grafik unterstreichen.

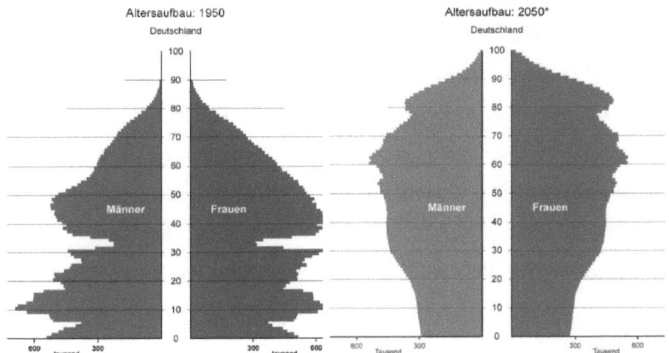

Abbildung 2: Demografische Entwicklung, Quelle: Statistisches Bundesamt, Internet, http://www.destatis.de/basis/d/bevoe/bevoegra2.htm, 2003.

3 Ausgewählte Management- und Unternehmenskonzepte für die Altenpflege

3.1 Konzepte im Qualitätsmanagement

3.1.1 Total Quality Management (TQM)

TQM ist ein ganzheitliches Führungskonzept, welches das gesamte Unternehmen mit seinen Mitarbeitern und Aktivitäten, wie auch das Umfeld mit einbezieht.[5] Ziele sind dabei die maximale Befriedigung der internen und externen Kundenerwartungen und die Optimierung der Qualität.[6] Als Methoden und Instrumente zur Umsetzung stehen z.b. Selbstbeurteilung, Qualitätsbewertung Fehlermöglichkeitsanalyse und Qualitätsplanung/-messung zur Verfügung.[7]

3.1.2 Qualitätszirkel

Die Aufgabe von Qualitätszirkeln liegt darin, Qualitätsmängel durch problemorientierte Vorgehensweisen zu beheben. So sollen Produktqualität und Arbeitszufriedenheit verbessert werden.[8] Um zu einem vernetzten Arbeiten in der Einrichtung zu gelangen müssen die Mitarbeiter in einem Qualitätszirkel interdisziplinär vertreten sein. Dadurch können Schnittstellenprobleme behoben werden und die Problemlösungen und Entscheidungen werden an die Mitarbeiter weitergegeben.[9]

3.1.3 Qualitätszertifizierung

Nicht erst durch die Änderungen in der Pflegeversicherung zum 01.01.2005 bestehen weitere Möglichkeiten sich durch eine dokumentierte und überprüfte Qualitätsorientierung zu profilieren. Die Chancen einer Zertifizierung liegen im Ausbau von Wettbewerbsvorteilen durch die Hervorhebung von Kompetenz und der Imageverbesserung.

---

[5] Vgl. Herold, E., Ambulante Pflege, 1999, S. 287.
[6] Vgl. Lüthy, A., Aktuelle Brennpunkte im Pflegemanagement, 1998, S. 72.
[7] Vgl. Herold, E., Ambulante Pflege, 1999, S. 288.
[8] Vgl. Herold, E., Ambulante Pflege, 1999, S. 336.
[9] Vgl. Sittler, E., Kruft, M., Handbuch Altenpflege, 2004, S. 587.

In der Einrichtung selbst kann dieses Verfahren die Kundenorientierung und den Teamgeist fördern. Allerdings birgt die Zertifizierung auch Risiken, da sie zum Standard werden kann und damit der Imagegewinn entfällt. Anbieter entsprechender Zertifizierungen sind u.a. der TÜV, der Berufsverband Privater Pflege e.V. und das BSU-Qualitätsinstitut.[10]

3.2 Konzepte im Personalmanagement

3.2.1 Lebensphasenorientierte Arbeitszeitgestaltung

Um den Versorgungsauftrag in der Altenpflege erfüllen zu können, muss eine Betreuung über 24 Stunden am Tag sichergestellt sein. Schon aus diesem Grund ist eine „Normalarbeitszeit" in der Altenpflege nicht der Regelfall. Dies hat auch dazu beigetragen, dass die Attraktivität der Arbeitplätze in der Altenpflege aufgrund der vielen Belastungsquellen abgenommen hat.[11] Hinzu kommt eine neue, durch die demografische Entwicklung vorangetriebene Variante der Vereinbarkeit von Familie und Beruf. Immer mehr Menschen in der Pflege werden damit konfrontiert, ihre Erwerbstätigkeit mit gleichzeitigen Pflegeverrichtungen gegenüber älteren Familienmitgliedern vereinbaren zu müssen. Dabei stellen die berufliche Erfahrung und die Kenntnisse über eine etwaige Heimunterbringung und die dortigen Kollegen eine Entlastung für die häusliche Pflege dar. Jedoch erfordert das wachsende Flexibilisierungsbedürfnis in allen Altersgruppen eine verbesserte Vereinbarkeit von beruflichen und privaten Lebensbereichen. Diesem Problem soll mit speziellen Arbeitszeitarrangements begegnet werden, bei denen flexible, lebensphasenorientierte Arbeitszeiten und Arbeitszeitkonten mit dem Konzept der lebenslangen Qualifizierung verknüpft werden. In diesem Zusammenhang sollte die betriebliche Arbeitszeitgestaltung als integraler Bestandteil einer auf älter werdende Belegschaften bezogenen Personalplanung und –entwicklung verstanden werden.[12]

---

[10] Vgl. Herold, E., Ambulante Pflege, 1999, S. 338-339.
[11] Vgl. Reschl-Rühling, G., Personelle und organisatorische Umstrukturierung in Einrichtungen der stationären Altenpflege, 2004, S. 68.
[12] Vgl. Reschl-Rühling, G., Personelle und organisatorische Umstrukturierung in Einrichtungen der stationären Altenpflege, 2004, S. 73-75.

3.2.2 Neue Ansätze in der Pflegebildung

In der bisher üblichen, dreijährigen Krankenpflegeausbildung wird der Schwerpunkt der Lehrpläne nach wie vor durch die Modelle der Krankenpflege, das Erlernen der Unterstützung von Patienten bei der Übernahmen von „Aktivitäten des täglichen Lebens" (ATL´s) und der Begleitung der Patienten in Lebens- und Krisensituationen gelegt. Dadurch erhält man sicherlich qualifiziertes Pflegepersonal, welches jedoch nicht auf die Übernahme von Leitungstätigkeiten vorbereitet ist, wie es ein wirtschaftlich arbeitendes Unternehmen verlangt. Diesem Tatbestand wurde erst sehr spät Rechnung getragen. So wurde der erste Studiengang im Bereich Pflegemanagement erst im Jahr 1991 an der katholischen Fachhochschule Osnabrück eingerichtet.[13] Die Universitäten nehmen sich des Themas der Pflegewissenschaften nur begrenzt an. Derzeit sind in Deutschland von insgesamt 46 Studiengängen in diesem Bereich nur sechs an Universitäten angesiedelt. Trotz der zunehmend positiven Bewertung der Fachhochschulen hinsichtlich ihrer Qualität und ihres Praxisbezuges setzen die hohen Lehrverpflichtungen der Professoren, ein fehlender Mittelbau, begrenzte Möglichkeiten zur Abnahme von Promotionen und Schwierigkeiten beim Einwerben von Drittmitteln der Entwicklung der Pflegewissenschaften Grenzen.[14] Dieser Prozess der Akademisierung der Pflege wird voraussichtlich weiter steigen, seit ab dem 01.01.2004 u.a. verantwortliche Pflegefachkräfte in ambulanten Pflegediensten durch Änderungen im SGB XI einen entsprechenden Hochschulabschluss bzw. eine Zusatzqualifikation von 460 Theoriestunden und zweijähriger Berufserfahrung vorzuweisen haben.[15] In der Pflegeausbildung selbst wird der Ruf nach einer einheitlichen Berufsbezeichnung immer lauter. Selbst nach der Reform der Pflegeausbildung, nach der lediglich die Bezeichnungen „Kinderkrankenpfleger" und „Gesundheitspfleger" in die neue Ausbildungsordnung übernommen wurden, wird mit Blick in die Zukunft ein einheitliches Berufsbild mit generalistischen Schwerpunktbildungen in der Erstausbildung gefordert.[16]

---

[13] Vgl. Lüthy, A., Aktuelle Brennpunkte im Pflegemanagement, 1998, S. 15-17.
[14] Vgl. Klie, T., Buhl, A. et al., Entwicklungslinien im Gesundheits- und Pflegewesen, 2003, S. 58.
[15] Vgl. Jäck, S., Proschmann, S., Qualitätsprüfung und –bewertung ambulanter Pflegedienste, 2004, S. 48.
[16] Vgl. Oelke, U., Meyer, G. (Hrsg.), Pflegebildung - quo vadis?, 2002, S. 82.

3.3 Konzepte im Prozessmanagement

In der Altenpflege besteht ein Spannungsverhältnis zwischen dem steigenden Kostendruck auf der einen Seite und dem Angebot von qualitativ hochwertigen Pflegeleistungen unter Beachtung von Eigenständigkeit und Selbstbestimmung des betreuten Menschen auf der anderen Seite. Hier kann aus Sicht des Controllings eine professionelle Prozesskotenrechnung für Transparenz und Kostenkontrolle sorgen.[17] Diese dient dabei als Instrument zur Abbildung und Verrechnung von Gemeinkosten für die verschiedenen Prozesse in der Altenpflege. Durch den Einsatz der Prozesskostenrechnung im Pflegebereich einer Pflegeeinrichtung können die bislang durch Äquivalenzzifferverfahren verzerrten Darstellungen der Kosten bereinigt werden. So lässt sich durch die verursachergerechte Verteilung der Gemeinkosten und damit einer leistungsgerechten Berechnung der Heimentgelte ein gezieltes und zugleich wirtschaftliches Gemeinkostenmanagement einführen.[18]

3.4 Konzepte im Bereich Unternehmensorganisation und Marketing

3.4.1 Aufbau einer Corporate Identity für Altenpflegeeinrichtungen

Bisher bestand für Einrichtungen in der Altenpflege nicht die Notwendigkeit sich Gedanken über eine gezielte Öffentlichkeitsarbeit zu machen. Seit jedoch die Pflegebetten nicht mehr langfristig belegt werden und die Kunden nicht mehr „Schlange stehen" macht es Sinn, sich der eigenen Stärken und Schwächen bewusst zu werden. Im Rahmen einer Corporate Identity soll so ein Zusammenhang zwischen dem Unternehmensverhalten und der Unternehmenskommunikation mit dem Selbstverständnis des Unternehmens in der Öffentlichkeit erreicht werden. Dazu gehört in erster Linie ein schlüssiges äußeres Erscheinungsbild. Dies wird durch ein entsprechendes Logo, ansprechend gestaltete Geschäftspapiere und der äußeren Gestaltung der Einrichtung erreicht.[19]

---

[17] Vgl. Kran, B., Prozesskostenrechnung in der stationären Altenhilfe, 2003, S. 2.
[18] Vgl. Kran, B., Prozesskostenrechnung in der stationären Altenhilfe, 2003, S. 37.
[19] Vgl. Lier, A., Meyer, E. et al., Öffentlichkeitsarbeit für Alteneinrichtungen, 2000, S. 77.

Auch die interne Umsetzung dieses Unternehmenskonzeptes, die mit der Einführung von Unternehmensleitbildern, einem kooperativen Umgangston und der Schaffung eines „Wir-Gefühls" in der Belegschaft bekräftigt wird, ist von großer Bedeutung.[20] Letztlich darf natürlich auch die Zielgruppenorientierung nicht zu kurz kommen. Für diese Aufgabe können z.B. Öffentlichkeitsbeauftragte aus der Belegschaft ernannt werden, die durch Kontaktpflege, Pressearbeit und Informationsvermittlung für ein positives Fremdbild sorgen.[21]

4 Ausgewählte Pflegekonzepte

4.1 Einleitung

Die Konzepte in der Altenpflege entwickelten sich in den vergangenen Jahrzehnten ähnlich der äußeren Erscheinung der Pflegeeinrichtungen. Waren dies noch bis in die sechziger Jahre hinein eher Verwahranstalten mit Mehrbettzimmern entwickelten sich Konzepte wie auch Einrichtung und Architektur in den darauf folgenden Jahren mehr in Richtung eines Krankenhauses, in denen auch die medizinische Behandlung eindeutig im Vordergrund stand. Von den achtziger Jahren an bis zur Jahrtausendwende richtete man sich dann an Wohnheimen bzw. Hotels aus. Die darin lebenden Menschen hießen nun Bewohner und es war das erklärte Ziel die vorhandenen Fähigkeiten und Möglichkeiten dieser Bewohner durch ein umfangreiches Therapieprogramm zu aktivieren. Momentan geht der Trend wieder in Richtung Hausgemeinschaft, bei der acht bis zwölf Menschen in einer kleinen Wohnform zusammenleben. Im Mittelpunkt steht nicht mehr die Aktivierung oder Pflege, sondern die Normalität eines familienähnlichen Lebens und die Vermittlung von Geborgenheit.[22]

---

[20] Vgl. Lier, A., Meyer, E. et al., Öffentlichkeitsarbeit für Alteneinrichtungen, 2000, S. 18-20.
[21] Vgl. Lier, A., Meyer, E. et al., Öffentlichkeitsarbeit für Alteneinrichtungen, 2000, S. 23.
[22] Vgl. Wehmeier, E., Alt werden in unserer Gesellschaft, 2003, S. 12-13.

Die Pflegekonzepte betrachten den zu Pflegenden dabei selbst als ganzheitliches Element eines sozialen Gesamtsystems mit all seinen Beziehungen und Wechselwirkungen in sozialer, institutioneller und gesellschaftlich-kultureller Hinsicht.

4.2 Gesprächsführung in der Altenpflege

Im Alltag der Altenpflege sind die Anlässe, miteinander zu reden, sehr vielfältig. Im Rahmen der Kommunikation und der Gesprächsführung ergeben sich hier jedoch verschiedene Besonderheiten. Ältere Menschen werden leicht beunruhigt, wenn es zu Veränderungen kommt. Daher gilt es in der Pflege stets die zu Pflegenden über die Struktur, Personal und die Abläufe der Institution, sowie ihre Rechte zu informieren. Auch in der täglichen Pflege sollten alle Maßnahmen angekündigt werden. Dies vermittelt den älteren Menschen Sicherheit.[23] Insbesondere in Krisensituationen müssen die para- und nonverbalen Signale der zu Pflegenden richtig gedeutet werden. Erst dann ist eine effektive Bearbeitung der verschiedenen Schockphasen mit einer anschließenden emotionalen Stabilisierung möglich.[24] Eine weitere Herausforderung für die Pflegekräfte ist die Aufnahme von zu Pflegenden in eine stationäre Einrichtung. Sie kann zu erheblichen Beeinträchtigungen der vorhandenen Lebenswelten führen.[25] Durch ein effektives Kontaktmanagement können die damit verbundenen negativen Auswirkungen, wie die Abnahme sozialer Beziehungen und Orientierungs-losigkeit, minimiert werden. Ein zentraler Ansatzpunkt ist in diesem Zusammenhang die Biografiearbeit mit den Menschen. Die Auseinandersetzung mit den Lebenserfahrungen alter Menschen hilft dabei Ängste abzubauen und einen Zugang zu ihnen zu schaffen.[26] Gerade bei alten Menschen mit Morbus Alzheimer ist es möglich, sie dann mit bekannten Stimmen, Lieblingsmusik und angenehmen Geräuschen und Gerüchen wieder ins „Hier und Jetzt" zu führen.[27]

---

[23] Vgl. Langfeldt-Nagel, M., Gesprächsführung in der Altenpflege, 2004, S. 154.
[24] Vgl. Langfeldt-Nagel, M., Gesprächsführung in der Altenpflege, 2004, S. 150-151.
[25] Vgl. Scheffel, F., Lebenswelt in der Pflege, 2000, S. 112.
[26] Vgl. Langfeldt-Nagel, M., Gesprächsführung in der Altenpflege, 2004, S. 160-161.
[27] Vgl. Sittler, E., Kruft, M., Handbuch Altenpflege, 2004, S. 51-52.

4.3 Entspannung und Aktivierung durch Snoezelen

Unter Snoezelen (gesprochen „Snuselen") versteht man eine Methode der Freizeitbeschäftigung, die in der letzten Zeit vermehrt in der Altenpflege eingesetzt wird um die Wahrnehmung der Menschen zu fördern. Das Konzept, des eigentlich für schwerst geistig Behinderte erdacht wurde, stammt aus den Niederlanden. Beim Snoezelen begibt man sich in der Regel in einen eigens eingerichteten und abgedunkelten Snoezelraum, in dem gezielt bestimmte Lichtsignale gesetzt werden. So konzentriert sich die visuelle Wahrnehmung der zu Pflegenden auf einzelne, bewusst eingesetzte und erfahrbare Reize.[28] Darüber hinaus können sich die Menschen beim Snozelen entspannen und Ruhe, Lebensfreude oder einfach nur Spaß empfinden. Diese Methode eignet sich besonders für Menschen, die aufgrund von Krankheit oder Behinderung in ihrer Wahrnehmung eingeschränkt sind (z.B. Demenzleiden) und für Menschen, die durch dieselben Umstände nicht genügend Anregung ihrer Sinne erleben und dementsprechend in einer Welt der Reizarmut leben (z.B. Pflegebedürftige, die unter Isolation und Einsamkeit leiden). Das Snoezelen gibt den alten Menschen die Möglichkeit dem „Stationsalltag" zu entfliehen. Dort gibt es klare Strukturen, Regeln und Abläufe, an die sie sich anpassen und denen sie sich unterordnen müssen. Im Snoezelraum erleben sie eine anforderungsfreie Zeit mit dem begleitenden Personal. Zeit- und Personalmangel sowie Alltagshandlungen spielen hier eine ebenso untergeordnete Rolle, wie der therapeutische Gedanke und das Motivieren.[29]

Auch hier ist die bereits unter Punkt 4.2 angesprochene Biografiearbeit eine wichtige Stütze. Bei Kenntnis von biografiebedingten Vorlieben und Abneigungen kann der Snoezelraum entsprechend eingerichtet werden. Zur Einrichtung gehören die Farben- und Lichteffekte, jedoch auch Snoezelzubehör wie Tastutensilien, Fühlboxen und Materialien für das Riechen und Schmecken.[30]

---

[28] Vgl. Löding, C., Snoezelen, 2004, S. 2-3.
[29] Vgl. Löding, C., Snoezelen, 2004, S. 19-20.
[30] Vgl. Löding, C., Snoezelen, 2004, S. 37-38.

Das Snoezelen selbst eignet sich nur als therapeutische Intervention im Rahmen einer Langzeittherapie, da die erreichte Entspannung und die Aktivierung in vielen Therapien ebenfalls Therapieziele sind.[31]

4.4 Multikulturelle Altenpflege

Die Altenpflegeeinrichtungen sind ein Spiegelbild unserer Gesellschaft. Daher werden wir künftig erleben, dass die Bewohner dieser Einrichtungen dieselbe multikulturelle und multireligiöse Vielfalt abbilden, die unsere Gesellschaft zunehmend prägt. Auf diese Entwicklung sind die Einrichtungen bislang kaum eingestellt.[32] In Zukunft werden vermehrt Türkinnen und Türken in die Pflegeeinrichtungen aufgenommen werden. Die Pflegekräfte müssen dann ebenfalls türkischsprachig sein – nicht nur, um die Kultur zu verstehen, sondern um überhaupt kommunizieren zu können. Im Demenzprozess verliert man als erstes, was man zuletzt gelernt hat. Da die deutsche Sprache i.d.R. Sekundärsprache ist, wird diese als erste vergessen, auch wenn man sie fließend beherrscht hat. Die Anstellung von überwiegend muslimischen Pflegekräften stellt dann insbesondere die kirchlichen Wohlfahrtsträger vor neue Herausforderungen.[33] Bislang wurden professionelle Pflegeleistungen von ausländischen Pflegebedürftigen nur in geringem Umfang in Anspruch genommen. Dies liegt zum einen an der günstigen Altersstruktur zum anderen aber auch an den verwandtschaftlichen Beziehungen, die durch ein hohes Maß an Solidarität, Pflegebereitschaft und zeitlicher Stabilität gekennzeichnet sind.[34]

Laut Berechnungen des BMFSFJ wird sich bis zum Jahr 2010 die Anzahl der über 60 jährigen Menschen mit Migrationshintergrund von heute 600.000 auf dann 1,3 Millionen mehr als verdoppeln. Vor diesem Hintergrund führt das Ministerium mehrere Programme durch, um die Pflegewirtschaft auf diese Herausforderung vorzubereiten.

---

[31] Vgl. Löding, C., Snoezelen, 2004, S. 79.
[32] Vgl. Wehmeier, E., Alt werden in unserer Gesellschaft, 2003, S. 20.
[33] Vgl. Wehmeier, E., Alt werden in unserer Gesellschaft, 2003, S. 24.
[34] Vgl. Klie, T., Buhl, A. et al., Entwicklungslinien im Gesundheits- und Pflegewesen, 2003, S. 14.

Dazu gehört u.a. ein am 11.10.2004 in Frankfurt am Main eröffnetes interkulturelles Altenhilfezentrum mit elf Plätzen. Hier wird besonders auf die ethnischen und religiösen Gepflogenheiten der Bewohner im Hinblick auf Ernährung, Sanitärbereiche, Gebets- und Andachtsräume sowie die Abschiednahme geachtet. Weiterhin wurden interkulturelle Elemente in die Ausbildung der Pflegekräfte nach dem neuen Altenpflegegesetz mit einbezogen.[35]

Dazu gehören in der Pflegepraxis insbesondere bei Pflegebedürftigen moslemischen Glaubens folgende Ansatzpunkte. Bei Medikamenteneinnahme im Ramadan oder bei Einnahme alkoholhaltiger Medizin kann es zu Problemen kommen. Die Pflegepersonen sollten die religiösen Reinheitsgebote achten und respektieren, dass der Pflegebedürftige vor dem Frühstück gewaschen werden muss. Außerdem sollten sich weibliche Pflegekräfte dezent und nicht zu „offenherzig" kleiden, damit sie als „ehrenhafte" Frauen beachtet werden. Bei Hausbesuchen sollte die Großzügigkeit der Familie (z.B. Einladung zu einer Tasse Tee) geachtet werden und die Schuhe sollten ausgezogen werden.[36]

4.5 Praxisorientierte Pilotprojekte

An dieser Stelle sollen mehrere Projekte kurz vorgestellt werden, die zum einen den demografischen und finanzwirtschaftlichen Auswirkungen der Bevölkerungsentwicklung, zum anderen aber auch den geänderten Anforderungen der Pflegebedürftigen an Wohnumfeld und Betreuung, Rechnung tragen. Hier hat sich ebenfalls das BMFSFJ mit der Förderung von deutschlandweit insgesamt 22 Modellprojekten hervorgetan. So ist es das Ziel des Projektes „Olga" (= Oldies leben gemeinsam aktiv) in Nürnberg den Umzug in ein Heim oder eine Wohnstätte frühzeitig und nicht erst bei Eintritt der Pflegebedürftigkeit vorzunehmen. In dem nach eigenen Wünschen umgebauten Wohnhaus mit elf Wohnungen organisieren Seniorinnen ab 57 Jahren ihr Leben selbst.

---

[35] Vgl. o.V., Pressemitteilung des BMFSFJ vom 11.10.2004 – In Würde alt werden – auch jenseits der Heimat, 2004 (Internet).
[36] Vgl. Herold, E. Ambulante Pflege, 1999, S. 109-110.

Unter dem Motto „Gemeinsames Wohnen von jüngeren und älteren Menschen mit Behinderungen" wohnen in Bad Blankenburg in Thüringen ältere und jüngere Menschen in kleinen, altersspezifischen Wohngruppen zusammen. Das „Altenhilfezentrum im Olgagarten" in Steinheim (Baden-Württemberg) hat es sich zur Aufgabe gemacht eine Integration der Einrichtung in die dörfliche Struktur zu erreichen. Dem Pflegeheim mit betreuten Altenwohnungen, 28 stationären und vier Tagespflegeplätzen wurde daher u.a. ein Kindergarten angeschlossen.[37]

Doch auch freie Anbieter geben der Forschung mit Ihren Konzepten neue Impulse. Der Pflegeanbieter domino-world hat unter dem Namen domino-coaching einen systematischen Therapieansatz eines Pflegemodells entwickelt, der vom Fraunhofer-Institut evaluiert und bewertet wurde.[38] Dabei soll durch die nachhaltige Verbesserung des Gesundheitszustandes auch der autonome, weniger hilfsbedürftige Patient helfen Kosten zu sparen, wobei sogar eine Rückkehr aus dem stationären Bereich in das häusliche Umfeld möglich gemacht werden soll. In der Praxis beginnt der Prozess mit dem Erstgespräch des Coachs mit dem Patienten. Danach wird ein umfangreiches Therapieprogramm erarbeitet, welches u.a. ein spezielles Ernährungs- und Bewegungsprogramm, medizinisches Qigong, Licht-, Farb-, Mal- und Musiktherapie umfasst. Mit den Patienten werden verbindliche Zielvereinbarungen geschlossen, die in regelmäßigen Coaching-Sitzungen überprüft und angepasst werden.[39] Die beteiligten Pflegekräfte halten Fallkonferenzen ab und koordinieren den Einsatz von externen Helfern wie Ärzten und der Familie. Das Ergebnis der Studie zeigte, dass es den Patienten, die domino-coaching erhielten, unabhängig von Alter und Erkrankung, signifikant besser ging, als denen, die nach herkömmlichem AEDL-Pflegestandard betreut wurden.[40]

---

[37] Vgl. o.V., Pressemitteilung des BMFSFJ vom 16.09.2004 – „Nur wer richtig wohnt, lebt gut", 2004 (Internet).

[38] Vgl. Klie, Thomas, Buhl, A. et al., Entwicklungslinien im Gesundheits- und Pflegewesen, 2003, S. 169-170.

[39] Vgl. Klie, Thomas, Buhl, A. et al., Entwicklungslinien im Gesundheits- und Pflegewesen, 2003, S. 171.

[40] Vgl. Klie, Thomas, Buhl, A. et al., Entwicklungslinien im Gesundheits- und Pflegewesen, 2003, S. 177-178.

5 Fazit

Im Rahmen der Einleitung wurde die Frage aufgeworfen, ob die beschriebenen Maßnahmen und Entwicklungen ausreichen, um Qualität und Finanzierbarkeit der Altenpflege auch in Zukunft zu sichern. Dabei wurden zuerst Konzepte aus den Bereichen Management und Unternehmensorganisation vorgestellt. Es zeigte sich, dass in der Altenpflege zum einen durch gesetzlichen Zwang eine immer intensivere Auseinandersetzung mit den Anforderungen an ein modernes Kosten- und Qualitätsmangement entstanden ist. Zum anderen haben die Einrichtungen es selbst in der Hand durch Einsatz verschiedener Marketinginstrumente den Patientenbegriff durch den Kundenbegriff zu ersetzen. Die finanziellen Spielräume sind dabei jedoch nicht zuletzt durch die demografische Entwicklung sehr begrenzt.

Im pflegerischen Bereich ist man daran interessiert durch Einsatz senioren-gerechter Konzepte und individueller Betreuung das „Krankenhausimage" abzuschütteln. Dabei stellt man sich auch mehr und mehr den Herausforderungen der Zukunft, die im Rahmen verschiedener Pilotprojekte in der Praxis sichtbar werden. Allen Konzepten gemein ist, dass bei Ihnen der Pflegebedürftige selbst den Mittelpunkt des Handelns darstellt. Aufgrund der Fülle der einzelnen Konzepte und der wachsenden Innovationsfähigkeit auf diesem Markt war es jedoch nur möglich einen kleinen Ausschnitt darzustellen.

Nach Meinung des Verfassers stehen die Entwicklungen, die den Bestand der derzeitigen Altenpflege für die Zukunft sichern sollen, erst am Anfang. Die genannten Maßnahmen bieten zwar teils effektive Möglichkeiten zur Kostenreduktion und Qualitätsverbesserung, verlieren jedoch angesichts der übermächtigen demografischen Entwicklung ihren Anspruch auf längerfristige Wirkung. Sie stellen damit bei globaler Betrachtung der Probleme in der Altenpflege lediglich kosmetische Änderungen dar. Wir werden auf den „großen Wurf" also noch warten müssen. Allerdings drängt uns die Zeit langsam zum Handeln - spätestens dann, wenn wir selbst Pflege benötigen, denn „wie man andere bettet, so ruht man selbst".

6 Literaturverzeichnis

1. Herold, Eva, Ambulante Pflege, Band 2, Hannover, 1999.

2. Jäck, Sabine, Proschmann, Silke, Qualitätsprüfung und –bewertung ambulanter Pflegedienste, 1. Auflage, Stuttgart, 2004.

3. Klie, Thomas, Buhl, Astrid et al., Entwicklungslinien im Gesundheits- und Pflegewesen, Frankfurt/Main, 2003.

4. Kran, Birgit, Prozesskostenrechnung in der stationären Altenhilfe, 1. Auflage, Münster, 2003.

5. Langfeldt-Nagel, Maria, Gesprächsführung in der Altenpflege, München, 2004.

6. Lier, Astrid, Meyer, Elke, Wittulski, Eckhard, Öffentlichkeitsarbeit in Alteneinrichtungen, 1. Auflage, München, 2000.

7. Löding, Claudia , Snoezelen, 1. Auflage, München, 2004.

8. Lüthy, Anja, Aktuelle Brennpunkte im Pflegemanagement, Frankfurt/Main, 1998.

9. Oelke, Uta, Meyer, Gerhard (Hrsg.), Pflegebildung – quo vadis?, Münster, 2002.

10. o.V., Pressemitteilung des BMFSFJ – In Würde alt werden – auch jenseits der Heimat, http://www.bmfsfj.de/Kategorien/Presse /pressemitteilungen,did=20978.html, 11.10.2004.

11. o.V., Pressemitteilung des BMFSFJ – „Nur wer richtig wohnt, lebt gut", http://www.bmfsfj.de/Kategorien/Presse/pressemitteilungen, did=20418.html, 16.09.2004.

12. Pötzsch, Olga, Sommer, Bettina, Pressebroschüre des Statistischen Bundesamtes – Bevölkerung Deutschlands bis 2050, 10. koordinierte Bevölkerungsvorausberechnung, Wiesbaden, 2003.

13. Reschl-Rühling, Gerda, Personelle und organisatorische Umstrukturierung in Einrichtungen der stationären Altenpflege, Münster, 2004.

14. Scheffel, Friedhelm, Lebenswelt in der Pflege, Lage, 2000.

15. Schmitz, Mario, Hofmann, Werner, Qualitätsmanagement für Senioreneinrichtungen, Hannover, 2000.

16. Sittler, Engelbert, Kruft, Marianne, Handbuch Altenpflege, 2. Auflage, München, 2004.

17. Wehmeier, Edgar, Alt werden in unserer Gesellschaft – was kommt
    a. auf uns zu?, Bielefeld, 2003.